Karadima : la pire gaffe du pape François

Ovide Bastien

ISBN : 978-2-925157-36-6

Publié par Ovide Bastien

Table des matières

Je m'excuse de mon erreur ;
j'étais mal informé

Le prêtre chilien très populaire et influent Fernando Karadima est décédé à 90 ans le 25 juillet 2021. Grand formateur de douzaines de prêtres, dont cinq devenus évêques, et considéré par plusieurs comme un saint, il jouissait de liens très étroits avec la dictature d'Augusto Pinochet, les gens d'affaires, ainsi que le nonce apostolique Ángela Sodano (nonce au Chili de 1977 à 1988). Comme ce dernier et les catholiques de la paroisse El Bosque située dans Providencia, le quartier riche de Santiago où il a longtemps servi, Karadima fermait systématiquement les yeux sur les abus commis par la dictature - de milliers de personnes torturées, exécutions sommaires, disparitions, camps de concentration, censure des médias, etc. - et percevait les militaires comme les héros qui avaient sauvé le peuple du 'communisme totalitaire athée'.

Grand abuseur sexuel de jeunes hommes et de douzaines de mineurs, sur lesquels il exerça pendant des années, à travers la direction spirituelle, une emprise psychologique malsaine, Karadima se trouvait au cœur de ce qui représente sans doute la pire gaffe commise par le pape François durant son pontificat.

Lors de son séjour de trois jours au Chili en janvier 2018, le pape non seulement refusait de rencontrer les victimes de Karadima, mais poussait même l'audace jusqu'à se permettre d'avoir à ses côtés, dans toutes ses apparitions publiques, celui qui représentait le symbole de leurs souffrances : Mgr Juan Barros. Et lorsque la journaliste Nicole Martinez laissait entendre au pape, au moment de son départ du Chili, que c'était inapproprié pour lui d'apparaître en public avec celui qui, selon les victimes, non seulement s'acharnait depuis plusieurs années, comme plusieurs autres dans la hiérarchie chilienne, à dissimuler les abus sexuels de Karadima et discréditer ses victimes, *mais était même souvent présent dans la pièce où ces abus se perpétraient*, le pape rétorquait sur un ton sec et réprobateur :

> « Le jour où on me présentera des preuves contre l'évêque Barros, alors je vais parler. Il n'existe pas une seule preuve contre lui ; ce n'est que de la calomnie. Est-ce clair ? »

On sait que le séjour papal au Chili s'est avéré un échec flagrant. D'une part parce que peu d'individus de ce peuple traditionnellement fort catholique se sont déplacés pour accueillir le pape, et, d'autre part, parce que la grosse gaffe du pape - qualifier de simple calomnie les allégations des victimes au sujet de Mgr Barros - a immédiatement fait la une dans le monde entier. « It's not clear! » affirmait de façon cinglante le *New York Times* dans son éditorial du lendemain.[1] Et, chose extrêmement rare, même le cardinal Seán Patrick O'Malley, membre de la Commission pontificale pour la protection des mineurs et du Comité de neufs cardinaux choisis par le pape pour le conseiller, se joignait au tollé en adressant publiquement un reproche au pape :

> « Les mots qui véhiculent le message "si vous ne pouvez pas prouver vos affirmations, vous ne serez pas cru", affirme le cardinal O'Malley, ont pour effet de délaisser ceux qui ont subi des violations répréhensibles de leur dignité humaine et relèguent les survivants à un exil empreint de discrédit. »[2]

À peine quelques jours après son retour à Rome, le pape s'est ravisé et a fait volte-face. Il a envoyé l'archevêque Charles Jude Scicluna et Mgr Jordi Bertomeu pour faire enquête au Chili et, après avoir scruté leur rapport accablant de 2,300 pages,[3] a invité trois des victimes de Karadima - Juan Carlos Cruz, James Hamilton et José Andrés Murillo - ainsi que leur avocat Juan Pablo Hermosilla, à venir passer quelques jours avec lui dans sa résidence Santa Marta à Rome. Il a accueilli ceux-ci de

---

[1] Pope's Defense of Chilean Bishop in Sex Abuse Scandal Causes Outrage, le 19 janvier 2018. Consulté le 16 août 2021.
[2] Even Allen, Cardinal O'Malley speaks out against pope's comment to sex abuse victims in Chile, *Boston Globe*, le 20 janvier 2018. Consulté le 16 août 2021.
[3] Voici le long commentaire que le pape François a fait sur ce rapport. Un texte confidentiel, mais que les médias chiliens ont pu obtenir grâce à une fuite : Papa Francisco, Segunda carta del Papa Francisco a los obispos chilenos, *Humanitas*, Pontifica universidad católica de Chile, le 17 mai 2018. Consulté le 7 octobre 2010.

façon royale - toutes dépenses payées,[4] visite guidée des archives du Vatican, accueil très chaleureux par les membres de la Congrégation pour la doctrine de la foi, etc. - et écouté leur témoignage avec beaucoup d'empathie et d'affection. Ensuite il s'est excusé sincèrement de sa gaffe qui, il le reconnaissait, ne pouvait qu'augmenter leur souffrance, et leur a dit que cette gaffe provenait du fait qu'il avait été mal informé.[5] Enfin, il a convoqué à Rome tous les évêques chiliens et les a invités à soumettre collectivement leur démission ![6]

Plusieurs ont interprété cette volte-face comme le signe que le pape avait effectivement été mal informé - certains diraient manipulé - par la hiérarchie chilienne, et qu'il grondait maintenant courageusement celle-ci pour l'avoir amené à commettre une grosse gaffe.[7]

------

[4] Juan Carlos Cruz, James Hamilton, José Andrés Murillo, Abuso y poder : nuestra lucha contra la Iglesia católica, *Debate*, 2020. Ces trois victimes du père Karadima décrivent dans ce livre les détails de leur séjour à Rome, leurs rencontres avec le pape, avec la Congrégation pour la doctrine de la foi, leurs visites guidées, etc. A noter que leur avocat Juan Pablo Hermosilla, également invité par le pape à sa résidence à Rome, a refusé l'offre du pape de couvrir tous ses frais.

[5] Juan Carlos Cruz, James Hamilton, José Andrés Murillo, Abuso y poder : nuestra lucha contra la Iglesia católica, *Debate*, 2020. Ces trois victimes du père Karadima racontent dans ce livre les détails de leur séjour à Rome, de leurs rencontres avec le pape, la Congrégation pour la doctrine de la foi, leurs visites guidées, etc.

[6] Harriet Sherwood and agencies, All Chilean bishops offer their resignation over sexual abuse cover-up, *The Guardian*, le 18 mai 2019. Consulté le 6 septembre 2021.

[7] C'est même l'opinion d'une des victimes de Karadima, Juan Carlos Cruz, qui fut invité par le pape François à passer quelques jours avec lui dans sa résidence Santa Marta à Rome. Dans le livre Abuso y poder : nuestra lucha contra la Iglesia católica, (*Debate*, 2020) Juan Carlos, qui demeure un Catholique pratiquant malgré le traumatisme provenant de l'abus qu'il a subi, met toute la faute sur les évêques

Dans ce qui suit, je vais énumérer les éléments qui me font douter de cette interprétation. La gaffe du pape au Chili provenait surtout, à mon sens, de son propre comportement cléricaliste, qui était fort similaire à celui des évêques chiliens, et qui a fait en sorte qu'il a ignoré et minimisé systématiquement pendant trois ans le témoignage, pourtant percutant et fort troublant, des victimes du père Karadima au sujet de Mgr Barros. Et la volte-face qu'il opérait après son retour à Rome représentait d'abord et avant tout, je crois, une tentative pour restaurer sa crédibilité, qui avait toujours été fort impressionnante au niveau mondial depuis le début de son pontificat,[8] mais qui venait soudainement de s'effondrer de façon dramatique.

Car en plaçant pratiquement tout le blâme sur les évêques chiliens et posant le geste historique de demander leur démission, le pape faisait de ceux-ci, à toutes fins pratiques, sa brebis expiatoire : l'opinion publique mondiale se détournait de son propre comportement non-évangélique envers les victimes et se focalisait carrément sur celui de la hiérarchie chilienne.

Autrement dit, oui j'ai fait une grosse gaffe et je m'en excuse auprès des victimes, affirmait le pape, mais je ne suis pas entièrement responsable de celle-ci car on m'avait mal informé. Et je réaffirme les valeurs qui ont toujours été

---

chiliens. Ce n'est pas cependant l'opinion des autres victimes de Karadima, même s'ils apprécient la compassion et les excuses du pape.

[8] Plus de trois ans et demi après son élection, le pape François demeurait fort populaire dans le monde. Tout en suscitant l'admiration quasi-unanime de la gauche, les sondages révélaient « 84 % d'opinions favorables auprès des Européens (catholiques ou pas), 78 % aux États-Unis et 72 % en Amérique du Sud ». Voir Julien Théry-Astruc, <u>Dans la peau du pape François : l'Église catholique face à la menace de son extinction</u>, *Revue du crieur*, 5, octobre 2016, p. 4-19. Consulté le 21 août 2021.

miennes en réprimandant, publiquement et courageusement, les véritables responsables...

Mais retournons un peu en arrière pour examiner quelle information le pape avait reçu mais simplement choisi, par esprit carrément cléricaliste, d'ignorer. Scrutons ensuite le comportement typiquement cléricaliste et protecteur du pape relativement aux prêtres abuseurs dans son pays natal, l'Argentine, lorsqu'il était archevêque de Buenos Aires. Enfin, jetons un coup d'œil sur l'attitude cléricaliste que le pape François a adopté en 2020 face au cas dramatique de celui qui fut longtemps son bras droit au Vatican, le cardinal australien George Pell.

Nomination de Barros évêque d'Osorno malgré une opposition massive

Lorsqu'en 2015, le pape François nommait Mgr Juan Barros évêque d'Osorno, cela déclenchait des protestations nationales au Chili, en particulier à Osorno même, une ville du sud du Chili qui compte environ 125 000 habitants catholiques. On comptait parmi les opposants à cette nomination, non seulement de centaines de paroissiens, mais aussi 51 députés, 30 des 35 prêtres d'Osorno, et plusieurs évêques chiliens.[9]

---

[9] Juan Carlos Cruz, James Hamilton, José Andrés Murillo, Abuso y poder : nuestra lucha contra la Iglesia católica, *Debate*, 2020, p. 139.

Selon les témoignages des victimes, non seulement l'évêque Barros aurait couvert et protégé le père Karadima, détruisant pour ce faire des documents incriminants. Aussi, et chose absolument scandaleuse et choquante comme noté plus haut, *il aurait souvent lui-même été présent dans la pièce où se commettait l'abus* !

Bien que la juge qui avait enquêté pendant une année entière sur le cas du père Karadima ait été contrainte d'abandonner les charges pénales contre lui en raison du délai de prescription, elle a clairement indiqué que les témoignages des victimes étaient, selon elle, 'véridiques et fiables'. Et le père Karadima était déclaré coupable par le procès mené par le Vatican lui-même en 2011, et condamné à une vie de 'pénitence et de prière'.

Malgré ce nuage très noir qui planait sur la tête de Barros, et malgré les impressionnantes protestations et pétitions que provoquait ce nuage, le pape François décidait néanmoins de le nommer évêque d'Osorno.

Et lorsque ce dernier proposait, à deux reprises, de soumettre sa démission, le pape refusait de l'accepter.

La première fois, il disait à Barros : « Non, tu ne dois pas procéder de cette façon, car cela reviendrait à admettre une culpabilité anticipée. Chaque cas ... fait l'objet d'une enquête. »

La deuxième fois, il affirmait à Barros qu'il ne pouvait pas le condamner parce qu'il ne détenait pas les preuves de sa

culpabilité. Et il ajoutait : « De plus, je suis convaincu que
tu es innocent. »[10]

Un an après la nomination de Barros comme évêque
d'Osorno, un groupe de manifestants occupe la cathédrale
de cette ville. Inés San Martin décrit l'événement :

> « Dans une vidéo circulant dans les médias sociaux,
> filmée lors d'une messe avant l'occupation, samedi,
> de la cathédrale, on voit une femme demander à
> l'évêque de démissionner.

> « S'il vous plaît, partez, ne faites plus de dégâts, afin
> que cette Église puisse enfin être unie, lui dit une
> femme qui s'est approchée de Barros pendant la
> communion. 'Que Dieu vous bénisse', lui répond-il.
> Et elle de rétorquer : 'Oui mais vous, quittez
> Osorno !'

> « En arrière-plan, une deuxième personne,
> probablement celle qui tient la caméra, demande
> sans cesse : 'Juan Carlos Cruz, vous souvenez-vous
> du nom Juan Carlos Cruz ?'

> « Cruz est l'une des victimes de Karadima, et avec
> James Hamilton et Fernando Batlle, il se bat
> actuellement contre l'Église chilienne devant les
> tribunaux, demandant 700 000 dollars de
> compensation. (...)

> « Barros a été installé dans le diocèse en mars
> dernier, lors d'une cérémonie qui a dû être
> interrompue à cause des protestations. Pendant que

---

[10] Joshua J. McElwee, Francis again cries 'calumny' defending bishop accused of abuse cover-up, *National Catholic Reporter*, le 22 janvier 2018. Consulté le 29 septembre 2019.

l'évêque célébrait la messe, de nombreuses
personnes présentes ont crié 'pédophile' et 'sortez !'
à Barros. »[11]

Dans ce même article, Inés San Martin fait également
référence à une vidéo, mise en ligne en octobre 2015,
« mais qui avait été filmée sur la place Saint-Pierre cinq
mois plus tôt ». Une vidéo qui montre l'irritation croissante
ressentie par le pape François face aux protestations en
cours à Osorno. Le pape affirme :

> « Osorno souffre, oui, parce qu'elle est idiote, parce
> qu'elle n'ouvre pas son cœur à ce que Dieu dit et se
> laisse emporter par les conneries que tous ces gens
> disent ! [12]

> « Sans aucune incitation, le pape François affirme à
> Jaime Coiro, un ancien porte-parole des évêques
> chiliens, que l'Église locale au Chili a 'perdu la tête',
> permettant à un groupe de politiciens de juger un
> évêque 'sans aucune preuve'.

> « Pensez avec la tête, ne vous laissez pas mener par
> le bout du nez par ces gauchistes qui sont ceux qui
> ont mis en place cette opposition, » affirme le pape.

---

[11] Protesters occupy cathedral of Chilean bishop charged with covering
up abuse, *Crux*, le 10 janvier 2016. Consulté le 2 octobre 2019.
[12] Cette citation des paroles du pape ne provient pas de Inés San Martin
mais de Juan Carlos Cruz, James Hamilton, José Andrés Murillo,
Abuso y poder : nuestra lucha contra la Iglesia católica, Debate, 2020,
p. 143. Lorsque le pape François affirme qu'Osorno souffre « parce
qu'elle est idiote, parce qu'elle n'ouvre pas son cœur à ce que Dieu dit »
il laisse entendre que SA décision de nommer Mgr Barros évêque
d'Osorno reflète la décision de Dieu. N'est-ce pas le cœur du
cléricalisme que lui-même passe pourtant son temps à dénoncer ?

« Les 'gauchistes' auxquels le pape fait référence
sont probablement 51 membres du Congrès chilien,
affirme San Martin, la plupart issus du
gouvernement socialiste de la présidente Michelle
Bachelet. Ceux qui ont signé une pétition contre la
nomination de Barros.

« En ce qui concerne les accusations portées contre
les quatre évêques, le pontife a déclaré dans la vidéo
qu'elles ont été 'rejetées par les tribunaux
judiciaires', poursuit San Martin.

« 'Je suis le premier à juger et à punir quelqu'un qui
est accusé de ces choses, mais dans ce cas, il n'y a
pas de preuve. Au contraire', a déclaré le pape
François dans la vidéo. 'Du fond du cœur, je vous le
dis. Aidez-moi dans cette affaire ; ne vous laissez
pas mener par le bout du nez par ceux qui essaient
de faire des ravages, qui cherchent la calomnie.' »

Lettre ouverte de la victime
James Hamilton au pape

Le 11 janvier 2018, exactement une semaine avant l'arrivée du pape François au Chili, une des victimes du père Karadima, James Hamilton, adressait une lettre ouverte très émouvante au pape dans le journal chilien en ligne, *The Clinic*.

Il est très invraisemblable, voire impossible, que le premier pape latino-américain de l'histoire, un Argentin qui connaît fort bien son pays voisin le Chili, n'ait pas pris conscience de ce cri de cœur dans lequel Hamilton non seulement exprime la profondeur de sa douleur mais dénonce aussi le silence, l'indifférence, le déni et l'incapacité d'écouter et de croire les victimes qui caractérisent le cléricalisme, ainsi que sa tendance à protéger les prêtres abuseurs et dissimuler leurs crimes.

« Il y a quelques jours, un prêtre "progressiste" respecté a déclaré qu'il ne se sentait pas en mesure de dénoncer, même à son évêque, un autre prêtre abusif ou pervers, écrit Hamilton. L'argument qu'il a avancé était qu'en justice civile, le témoignage d'un conjoint, d'un frère ou d'un parent direct n'était pas considéré comme valable, et étant donné que pour lui un confrère prêtre était plus qu'un frère de sang, il ne pourrait pas témoigner contre lui.

« Pendant un bref instant, j'ai eu un flash-back de l'époque où Fernando Karadima parlait à "ses" prêtres et évêques de la dignité sacerdotale, qu'ils devenaient des frères de Jésus-Christ et que cela les faisait entrer dans la communauté des élus.

« À l'époque, je n'aurais jamais imaginé que ces mots étaient si prophétiques, poursuit Hamilton. Au fil du temps, une structure ecclésiastique solide et incassable s'est dévoilée devant moi, forgée dans les infinis pactes de silence qu'ils ont pour se protéger, alors qu'ils versent un sang millénaire sur les corps des enfants sans défense, curieux et gentils, qui leur sont confiés.

« J'ai compris pourquoi ils établissent une protection fermée entre eux et pourquoi ils considèrent la maltraitance des enfants comme une "faiblesse" et non comme un crime d'une extrême gravité, qui laisse des séquelles à vie et des conséquences épigénétiques générationnelles. Peut-être ce prêtre "progressiste" nous donne-t-il la clé de la conception du lien familial que les prêtres promeuvent, une conception fondée sur les liens humains, la corporalité, les zones intimes, la biologie et le psychisme humain, qui bouleverse la morale et l'éthique et relativise en même temps les crimes et leurs peines. Cela génère un nouveau code différent de l'Évangile et du droit commun, où une "bonne nouvelle" est réécrite uniquement pour cette fraternité modelée selon ses besoins et ses perversions.

« Peut-être qu'aujourd'hui je comprends mieux ces prêtres, je comprends la magie qui les stupéfie, la promesse par laquelle ils se castrent. Il est clair que leur loi n'est pas de ce monde, pas plus que leurs compagnons.

« Bien que généraliser serait injuste, je ne comprends toujours pas comment nous, les milliers de victimes d'abus, n'avons pas été protégées par nos pasteurs et nos prêtres, qui étaient les témoins muets de ce qui nous arrivait.

« Avec votre venue, François, je ne peux m'empêcher de me demander ce qui se passe chez les autorités ecclésiastiques et religieuses, chez l'évêque de chaque diocèse dont les limites territoriales et les pouvoirs ont été désignés par vous et vos prédécesseurs, lorsqu'un enfant, un jeune ou un adolescent est non seulement abusé sexuellement et psychologiquement, mais aussi privé de sa foi. Que se passe-t-il chez eux et aux yeux de ce Dieu miséricordieux ?

« Pourquoi n'êtes-vous pas émus, demande Hamilton ? Comment se fait-il que, face à la dénonciation loyale et confiante de victimes déjà affaiblies par la souffrance et l'âge, la réponse, par les canaux que vous avez établis, a presque toujours été la même : déni, indifférence, silence et froideur ?

« Pourquoi ces clercs sont-ils autorisés à se déplacer en silence vers d'autres paroisses, voire d'autres pays ou continents, où des milliers de mineurs et d'adolescents continuent d'être exposés à ces prédateurs ? Pourquoi de nombreux prêtres déjà identifiés comme pédophiles et abuseurs ont-ils été laissés à la tête de pensionnats pour mineurs ?

« Comment se fait-il que lors de la confession le prêtre, au lieu de nous reprocher de commettre un péché mortel qui avait incité un prêtre à pécher, ne nous ait jamais expliqué que c'était nous, la véritable victime ?

« Et pourquoi, après un processus déchirant qui nous a finalement permis de confronter cette terrible réalité et ses responsables, sommes-nous considérés comme de simples serpents et loups ? ou des idiots et gauchistes ?

« Cher François, pourquoi ne nous reçois-tu pas ? Pourquoi ne nous crois-tu pas ? Pourquoi permets-tu que ce soit toujours la consanguinité cléricale qui l'emporte ? »[13]

---

[13] Carta abierta de James Hamilton a Francisco, *The* Clinic, le 8 janvier 2018. Consulté le 16 août 2021.

Lettre de la victime Juan Carlos Cruz au pape

Lorsque Barros fut nommé évêque d'Osorno en 2015, une autre des victimes du père Karadima, Juan Carlos Cruz, affirmait sur Twitter :

> « Juan Barros était à côté de Karadima lorsqu'il nous abusait. Ensuite les deux s'embrassaient. Aujourd'hui, il est nommé évêque d'Osorno. Luxe d'évêque ! »[14]

Et quelques semaines plus tard, il faisait parvenir au pape François une lettre de huit pages, une lettre qui n'a jamais reçu de réponse. Voici comment le journal *Le Monde* rapporte cet événement :

---

[14] Juan Carlos Cruz, James Hamilton, José Andrés Murillo, Abuso y poder : nuestra lucha contra la Iglesia católica, *Debate*, 2020, p. 139.

« L'Associated Press a rapporté le lundi 5 février 2018 que le chef de l'Église catholique avait entre les mains depuis 2015 la lettre d'une victime du père Fernando Karadima, Juan Carlos Cruz, témoignant des agressions sexuelles commises par ce prêtre de Santiago, déclaré coupable par l'Église après un procès canonique en 2011.

« La victime, Juan Carlos Cruz, dit dans sa lettre que l'évêque Juan Barros, à l'époque un des protégés de Fernando Karadima, avait été témoin de ces agressions à de nombreuses reprises sans jamais avoir tenté de s'y opposer. (...)

« En 2015, Juan Carlos Cruz a écrit cette lettre de 8 pages et a demandé aux membres de la Commission pontificale pour la protection des mineurs de l'envoyer au Vatican. Quatre membres de cette commission, créée par le pape François en 2014, se seraient rendus à Rome en avril 2015 pour la confier à leur président, le cardinal américain Sean O'Malley, archevêque de Boston. Ce dernier leur aurait assuré par la suite qu'il l'avait transmise au pape. Le cardinal O'Malley aurait également confirmé à Juan Carlos Cruz, après la visite du pape à Philadelphie en septembre 2015, d'avoir remis personnellement cette lettre au pape. »[15]

L'extrait de cette lettre que je reproduis ci-dessous démontre, on ne peut plus clairement, que le pape, déjà en 2015, possédait une quantité impressionnante d'information au sujet de l'attitude cléricaliste de la hiérarchie chilienne face aux victimes. Comme celle-ci

---

[15] Cécile Chambraud, <u>Pédophilie au Chili : une lettre met en doute les affirmations du pape</u>, *Le Monde*, le 6 février 2018. Consulté le 1 octobre 2019.

provenait cependant des victimes, il a, de toute évidence, choisi de l'ignorer.

« Nous comptions tous sur vous, sur votre politique de tolérance zéro, affirme Juan Carlos. Nous avons voulu croire que vous n'étiez pas informé, mais tout le monde nous dit que vous l'étiez pleinement. Je garde l'espoir que vous ferez quelque chose pour les nombreuses victimes d'abus au Chili et dans le monde.

« Cela ne se résout pas par un simple pardon.

« Le nonce Scapolo nous insulte en nous qualifiant de "minorité tapageuse" et les évêques nous rient au nez [...] poursuit-il. La situation de l'Église chilienne n'est plus acceptable. Les derniers sondages indiquent que près de 80 % des Chiliens ont peu ou pas de confiance dans l'Église. Personne ne veut cela.

« Cher Saint-Père, je ne suis pas du genre à vous dire qui vous devriez nommer à tel ou tel poste, mais la nomination du cardinal Francisco Javier Errázuriz à votre Commission de neufs cardinaux choisis pour vous conseiller a été un coup dur pour plusieurs de nous victimes, et même pour de nombreux Chiliens.

« Le cardinal Errázuriz a arrêté les enquêtes, ignoré les accusations, pris conseil auprès des disciples de Karadima et les a cru. Au lieu de nous démontrer de la compassion, il nous a rendu la vie impossible, allant jusqu'à nous mentir et nous ignorer. Nous avons supplié le cardinal de nous rencontrer, et cela de la manière la plus respectueuse qui soit, et il n'a jamais accepté de le faire.

« Lorsque vous l'avez nommé à votre commission, les journalistes lui ont rappelé les critiques dont il faisait l'objet, poursuit Juan Carlos. Assez étonnamment, il a simplement répondu, avec un rire sarcastique :

> *Je me fiche de ce qu'ils disent, eux. Apparemment, ce n'est pas ce que pense le pape.*

« Ces paroles furent pour nous d'une cruauté inimaginable ! Elles nous plongèrent dans la frustration !

« Et avec le cardinal Ricardo Ezzati ce fut la même chose. Il a été un élément clé de notre dossier lorsqu'il était évêque auxiliaire de Santiago. José Andrés Murillo (une autre des victimes de Karadima) lui a remis une lettre signée en 2003 et, même s'il lui a assuré qu'il ferait quelque chose, il n'a jamais rien fait. José Andrés l'a rencontré et de bons prêtres jésuites lui ont également parlé. Son inaction, qu'il nie aujourd'hui, a permis à Karadima de continuer à abuser [...]

« Rien de ce que vous demandez, Saint-Père, n'est fait au Chili. Votre politique de "tolérance zéro contre les abus" ne s'applique pas au Chili. »[16]

Les circonstances dans lesquelles la lettre de Juan Carlos au pape fut rendue publique sont très révélatrices. Les victimes du père Karadima, et de son protégé Mgr Juan Barros, luttaient depuis des années pour se faire entendre et obtenir justice. Dans cette lutte infructueuse, ils avaient appris à se méfier d'une hiérarchie qui utilisait tout pour se défendre - silence, déni, refus de les rencontrer, mensonges, tentatives pour les discréditer, etc. et qui

---

[16] Juan Carlos Cruz, James Hamilton, José Andrés Murillo, Abuso y poder : nuestra lucha contra la Iglesia católica, *Debate*, 2020, p. 172-173.

recevait l'appui, dans cette manœuvre, de l'élite financière et même des tribunaux chiliens.

Le pape François lui-même avait asséné plusieurs coups de massue aux victimes. D'abord, en nommant le cardinal Francisco Javier Errázuriz son proche conseiller. Ensuite, en nommant Mgr Barros évêque d'Osorno. Et enfin, lors de son séjour au Chili en janvier 2018, en qualifiant leurs allégations contre Mgr Barros de simple calomnie.

Donc, même s'ils se réjouissaient du fait que le pape, se rendant compte de l'énormité de sa gaffe au Chili à cause de la réaction médiatique mondiale et dévastatrice, avait décidé d'envoyer deux personnes du Vatican pour enquêter au Chili, les victimes n'osaient pas crier victoire. Au contraire, ils demeuraient considérablement craintifs et sceptiques.

Combien de fois, dans les années antérieures, n'avaient-ils pas vu leurs espoirs soudainement s'éteindre grâce à de basses manœuvres diplomatiques de la hiérarchie chilienne ? Combien de fois n'avaient-ils pas essuyé des défaites cuisantes ?

Afin d'éviter encore un autre échec cuisant, ils ont donc décidé de passer à l'attaque. De lancer encore une autre bûche dans le feu médiatique anti-pape François qui brûlait un peu partout sur la planète. D'augmenter la pression sur l'Église...

Ils ont contacté l'Associated Press et lui ont donné la lettre que Juan Carlos avait écrite au pape en 2015.

Cette fuite a eu l'effet d'une bombe, les médias à travers le monde annonçant immédiatement que le pape François, qui disait n'avoir aucune preuve contre Mgr Barros, détenait bel et bien de telles preuves depuis trois ans.

L'image du Souverain Pontife, déjà fort noircie, se trouvait à nouveau éclaboussée !

Et pour augmenter encore plus la pression, Juan Carlos, qui s'apprêtait à recevoir la visite des deux enquêteurs papaux à New York où il vit depuis plusieurs années, a immédiatement donné une conférence de presse aux médias :

> « Cela fait des années, déclara-t-il, que nous donnons nos témoignages. (...) Le pape dit qu'il lui faut des preuves. Mais celles-ci, il les a depuis longtemps ! »[17]

---

[17] Juan Carlos Cruz, James Hamilton, José Andrés Murillo, <u>Abuso y poder : nuestra lucha contra la Iglesia católica</u>, *Debate*, 2020, p. 17.

Le pape François et les abus sexuels du clergé en Argentine

Un autre élément qui me fait douter énormément que la gaffe commise par le pape François au Chili ne relevait que du fait qu'il avait été mal informé : son comportement par rapport aux abus du clergé alors qu'il exerçait son ministère en Argentine.

Le site web BishopAccountability.org, dont la mission consiste à diffuser toute l'information disponible concernant la crise des abus dans l'Église catholique, affirme que le pape François, alors qu'il était évêque auxiliaire de Buenos Aires (1992-1997), archevêque de Buenos Aires (1998 à 2013) et président de la Conférence épiscopale argentine (2005 à 2011), a maintenu un silence étonnant par rapport aux abus du clergé dans son pays.[18] Alors que les leaders de l'Église aux États-Unis et en Europe, ainsi que les papes Jean-Paul II et Benoît XVI, se prononçaient au sujet de cette crise, Jorge Bergoglio, nommé cardinal en 2001, ne soufflait mot par rapport à celle-ci en Argentine : aucun nom ou décompte de prêtres accusés, aucune politique de gestion des abus, aucune excuse aux victimes.

S'il s'attaquait souvent dans ses homélies[19] à l'inégalité de la richesse, au trafic sexuel humain, à la corruption gouvernementale, etc., le cardinal Bergoglio ne mentionnait jamais la violence sexuelle faite aux jeunes par les membres du clergé en Argentine.

Dans Sobre el cielo y la tierra, un livre publié en 2010 qui reproduit une conversation entre le rabbin argentin Abraham Skorka et le cardinal Bergoglio, ce dernier affirme :

> « Il est exclu que le célibat conduise à la pédophilie. Plus de soixante-dix pour cent des cas de pédophilie se produisent dans la famille et le voisinage : grands-parents, oncles, beaux-parents, voisins. Le problème n'est pas lié au célibat. Si un prêtre est pédophile, il l'était avant de devenir prêtre. Maintenant, lorsque cela se produit, nous ne devons jamais fermer les yeux. Vous ne pouvez pas être dans une position de pouvoir et détruire la vie d'une autre personne. Cela ne m'est jamais arrivé dans mon diocèse, mais un évêque m'a un jour téléphoné pour savoir ce qu'il fallait faire dans une telle situation et je lui ai dit de lui retirer ses licences, de

---

[19] On peut retrouver ces homélies sur le site web de l'archidiocèse de Buenos Aires. Pour y accéder, aller ici.

ne plus lui permettre d'exercer le sacerdoce et d'engager un procès canonique devant le tribunal de ce diocèse. » (p. 58)

Selon BishopAccountability.org, l'affirmation de Bergoglio, « Cela ne m'est jamais arrivé dans mon diocèse », ne tient pas la route :

> « Des dizaines de prêtres ont été publiquement accusés d'avoir abusé d'enfants en Argentine au cours de ces années, affirme BishopAccountability.org, et ces affaires ont été largement couvertes par les médias. Des survivants courageux se sont manifestés et ont même demandé à rencontrer Bergoglio, mais cela leur a été refusé. »

BishopAccountability.org se réfère spécifiquement, entre autres, au cas du père Julio Grassi, accusé en octobre 2002 d'avoir abusé sexuellement des mineurs. Ce prêtre était très influent en Argentine. Grand leveur de fonds, fortement appuyé par l'élite catholique, il était le fondateur de Fundación Felices Niños, responsable de 17 résidences pour enfants de la rue qui étaient réparties à travers le pays.

Quelques jours après que les médias ont rapporté les accusations, le Comité exécutif de la Conférence épiscopale argentine a émis un communiqué affirmant que l'Église était victime d'une campagne de salissage dont l'objectif était de lui faire perdre « la confiance que lui accorde le peuple ». Sans faire une seule référence à l'affaire Grassi, le communiqué rappelle qu'on doit éviter de juger individus et institutions de façon anticipée et qu'il faut attendre que la justice se prononce.

Lorsque interviewé par la revue *Veintitres* en 2006, le cardinal Bergoglio, grand admirateur de l'œuvre du père Grassi dont certaines résidences pour enfants se trouvaient

dans son archidiocèse de Buenos Aires, déclarait que
« même s'il existe une campagne médiatique pour faire du
tort à Grassi, la justice va déclarer son innocence ».

Le 9 juin 2009, à la suite d'un long procès de neufs mois
durant lequel la cour a entendu 130 témoins, Grassi fut
libéré de certaines charges mais déclaré coupable d'avoir
abusé sexuellement Gabriel, alors adolescent, et condamné
à 15 ans de prison. On lui a cependant permis de rester en
liberté tant qu'il n'aurait pas épuisé les recours d'appel
auquel il avait droit.

Peu de temps après cette condamnation, le cardinal
Bergoglio, alors président de la Conférence épiscopale
argentine, a secrètement chargé Marcelo Sancinetti, un
avocat prestigieux, de mener une enquête sur l'affaire. Son
rapport - un livre de quatre tomes et 2,000 pages - affirme
carrément que Grassi est innocent, que les victimes
mentent, et que le cas ne devrait jamais s'être rendu à un
procès.

Le fait que le rapport - selon les victimes et leur avocat, un
rapport rempli de faussetés - fut distribué aux magistrats,
qui devaient bientôt se prononcer sur les requêtes d'appel
de Grassi,[20] a profondément choqué et révolté les victimes
et leur avocat. Ils y ont vu une manœuvre grossière pour
tenter d'influencer le cours de la justice. Et lorsque, tout au
long de sa défense, Grassi a affirmé que Jorge Bergoglio

---

[20] La Iglesia editó un libro en apoyo al cura Grassi, *Clarín*, le 17
décembre 2011. Voir aussi Luis Andrés Henao et Nicole Winfield,
Resurge papel de papa en caso de abuso sexual en Argentina,
Associated Press, le 18 septembre 2018 et Daniel Pliner, Ojala no sea
cierto, *La Nación*, le 20 décembre 2011. Consultés le 24 août 2021.

lui avait toujours tenu la main (nunca me soltó la mano), cela n'a rien fait pour les calmer.[21]

En septembre 2018, Gabriel s'est confié à l'Associated Press :

> « En larmes, il a témoigné qu'à deux reprises en 1996, le père Grassi l'avait tripoté de manière inappropriée, puis lui avait fait une fellation dans son bureau. (...)

> « Gabriel a déclaré que deux mois après la nomination de François comme premier pape latino-américain, lui et son avocat lui ont envoyé une lettre, qu'ils ont remis le 8 mai 2013 à la nonciature apostolique à Buenos Aires.

> « Dans la lettre, Gabriel s'identifie comme une victime des "crimes aberrants d'abus sexuels répétés et de corruption de mineurs" de Grassi. (...)

> « J'ai souffert et je continue à souffrir, a-t-il écrit au pape. Je voudrais une audience avec vous. Je vous supplie sincèrement de me donner votre compassion et de m'aider à retrouver ma foi. »[22]

Gabriel n'a jamais reçu de réponse du pape. Comme d'ailleurs Juan Carlos Cruz, victime du père Karadima au Chili, qui, comme mentionné plus haut, avait écrit une longue lettre au pape en 2015.

---

[21] Grassi: "Bergoglio jamás me soltó la mano", *Infobae*, le 24 août 2021. Consulté le même jour.

[22] Luis Andrés Henao et Nicole Winfield, Resurge papel de papa en caso de abuso sexual en Argentina, *Associated Press*, le 18 septembre 2018

Comme mentionné plus haut, le pape a soudainement fait volte-face et accueilli à bras ouverts Juan Carlos ainsi que deux autres des victimes du père Karadima dans sa résidence Santa Marta à Rome, s'est excusé, et a même versé quelques larmes avec eux.

Cependant, on peut se demander si, sans la campagne médiatique absolument dévastatrice que sa grosse gaffe au Chili avait déclenchée à travers le monde, cette volte-face aurait eu lieu.

Le cas du cardinal George Pell en Australie

Un dernier élément qui me fait remettre en question l'interprétation selon laquelle la gaffe monumentale du pape au Chili ne proviendrait que du fait qu'il avait été mal informé et même manipulé par la hiérarchie chilienne : le cas du cardinal Pell en Australie.

Un peu d'information contextuelle.

Rappelons que le cardinal Jorge Bergoglio fut élu pape dans le contexte d'une crise historique de l'Église qui a amené Benoît XVI à démissionner. Il y avait, bien sûr, le scandale des abus sexuels du clergé qui éclatait un peu partout dans le monde depuis quelques années et qui ébranlait fortement l'Église. Mais il y avait aussi Vatileaks, la goutte qui a fait déborder le vase. Soudainement, et de façon spectaculaire, le monde entier découvrait qu'il y avait chez plusieurs prélats supposément célibataires du Vatican, non seulement beaucoup de corruption financière mais aussi une vie sexuelle très active ![23]

C'est dans ce contexte que le pape François, une fois élu, a rapidement passé à l'action en choisissant une commission, composé de neuf cardinaux provenant de chaque continent, pour le conseiller et l'accompagner dans la gestion de la crise.

Un de ceux qu'il a choisi, comme nous venons de le voir plus haut, était le cardinal chilien Errázuriz, dont le comportement face aux victimes du père Karadima laissait beaucoup - c'est le moins que l'on puisse dire ! - à désirer. Un autre fut le cardinal australien George Pell, dont le comportement face aux victimes d'abus sexuels du clergé laisse aussi beaucoup à désirer, comme l'illustre, on ne peut plus clairement, l'histoire suivante que relate l'autrice Melissa Davey.

Lorsque Anthony et Chrissie Foster ont découvert, en mars 1996, que leurs deux filles, Emma et Katie, avaient été abusé sexuellement comme adolescentes pendant des années par le père Kevin O'Donnell, ils se sont

---

[23] Voir, à ce sujet Gianluigi Nuzzi, *Sua Santità : le carte segrete di Benedetto XVI*, Chiarelettere, juin 2012, Milan; John Allen, <u>All Hell breaks loose in the Holy See</u>, *National Catholic Reporter*, le 24 mai 2012. Consulté le 30 décembre 2019; Dr Taylor Marshall, <u>Why did Pope Benedict Resign? McCarrick, Vigano and Vatican Bank Scandals Explained in Detail</u>, posté sur YouTube le 27 aout 2018. Consulté le 1 janvier 2020; *<u>Sex and the Vatican: viaggio segreto nel regno dei casti</u>* (Le sexe et le Vatican : un voyage secret dans le règne des chastes), Milan, Piemme, 2011. Abbate a aussi publié *Golgota : viaggio segreto tra chiese e pedofilia*, Milan, Piemme, 2012; <u>Vatileaks</u>, Messymomentmedia, posté sur YouTube le 28 avril 2013. Consulté le 3 janvier 2020.

immédiatement rendus au bureau de George Pell, qui était alors archevêque de Melbourne. Ils avaient vu, avec horreur et tristesse, comment la vie de leurs deux filles avait soudainement commencé à se désintégrer mais ne savait pas pourquoi. Emma était tombée dans la drogue ainsi qu'une longue dépression et s'automutilait régulièrement. Katie était également devenue dépressive et s'était mise à consommer de l'alcool de façon abusive.

Le couple, très catholique et pratiquant, était convaincu que le grand leader spirituel de leur diocèse, en écoutant leur histoire, exprimerait compréhension et compassion et s'organiserait pour que le père O'Donnell, déjà reconnu publiquement comme ayant abusé sexuellement de plusieurs mineurs, soit puni et laïcisé.

Cependant, ce n'est pas du tout ce qui est arrivé. À la suite de leur long témoignage, Anthony et Chrissie ayant raconté en détail le traumatisme subi par leurs filles - dépression, drogue, alcool, anorexie, longues thérapies, etc. - et même montré à l'archevêque des photos des poignets ensanglantés d'Emma, qui s'automutilait régulièrement, Pell est resté calme, indifférent et froid. Puis, il a commenté, sur un ton officiel et sans démontrer, dans son expression faciale, un quelconque signe de peine ou de compassion :

> « J'espère que vous allez pouvoir corroborer vos
> dires dans le tribunal. Tant que cela n'a pas été
> prouvé, ce n'est que de la calomnie ! »

Tels furent le choc et la profonde blessure provoqués par l'attitude et les paroles de l'archevêque, que le couple, abasourdi et indigné, se lança dans une longue lutte contre l'Église catholique afin d'obtenir justice et réparation.

Emma est décédée en 2008 d'une surdose de drogue à la suite d'années d'automutilation. Elle n'avait que 26 ans. Katie, devenue alcoolique et souffrant d'une dépression chronique, est devenue handicapée en 1999. Elle traversait la rue alors qu'elle était très ivre et fut happée par une voiture qui roulait à toute vitesse. Elle a passé un an à l'hôpital et, à cause de dommages cérébraux permanents, doit maintenant se déplacer en chaise roulante.[24]

En collaboration avec le journaliste Paul Kennedy, Chrissie Foster publiait, en 2010, *Hell on the Way to Heaven*,[25] un livre dans lequel elle raconte l'expérience tragique de ses deux filles et sa lutte acharnée contre l'Église. Selon Melissa Davey, c'est la militance de ce couple, qui collaborait avec d'autres victimes d'abus cléricaux en Australie, qui a contribué à ce que la première ministre d'Australie, Julia Gillard, accepte de faire ce que tous ces prédécesseurs masculins avaient refusé de faire dans le passé : mettre sur pied la vaste enquête, dénommée Royal Commission into Institutional Responses to Child Sexual Abuse, dont les conclusions pour l'Église catholique furent dévastatrices.[26]

L'attitude carrément cléricaliste de George Pell, proche conseiller du pape François qui lui confia aussi la responsabilité de gérer les finances de l'Église catholique globale, ne se limite pas à ce cas fort troublant. Ce chef de l'Église catholique australienne, qui se vanta à plusieurs

---

[24] Melissa Davey, *The Case of George Pell: Reckoning with Child Sexual Abuse by Clergy,* Scribe Publications, 2020. L'information concernant Anthony et Chrissie Foster provient du chapitre 2, "Royal Commission".
[25] Chrissie Foster, Hell on the Way to Heaven, Amazon, octobre 2010.
[26] Melissa Davey, *The Case of George Pell: Reckoning with Child Sexual Abuse by Clergy,* Scribe Publications, 2020, p. 359.

reprises d'avoir été, « par sa Melbourne Response,[27] le premier évêque catholique en Australie, et même partout ailleurs dans le monde, à proposer un programme complet pour s'attaquer à la question des abus sexuels du clergé sur des mineurs »[28], est accusé par plusieurs victimes d'avoir systématiquement protégé les prêtres abuseurs sous sa responsabilité. Une accusation validée par la Royal Commission into Institutional Responses to Child Sexual Abuse, qui rapporte, dans plus de 100 pages de son rapport concernant les actions de Pell, que le cardinal était au courant de l'existence de prêtres pédophiles, tant au début de sa carrière que dans les années suivantes.

> « En particulier, rapporte BBC, les commissaires ont rejeté la défense longtemps avancée par l'ecclésiastique selon laquelle il n'était pas au

---

[27] George Pell, *Wikipedia*. Consulté le 20 janvier 2020. « La Réponse de Melbourne avait comme objectifs *la vérité, l'humilité, la guérison des victimes, l'assistance aux autres personnes touchées, une réponse adéquate aux accusés et aux délinquants et la prévention de toute infraction de ce type à l'avenir*. Elle avait comme fonction : nommer des commissaires indépendants chargés d'enquêter sur les allégations d'abus sexuels et faire des recommandations ; mettre sur pied un service de conseil et de soutien (Carelink) ; former un comité d'indemnisation chargé de donner des conseils sur le versement de paiements aux victimes d'abus sexuels alors qu'ils étaient mineurs. Les paiements se faisaient 'à titre gracieux', c'est-à-dire qu'ils étaient effectués sans que l'Église ne reconnaisse aucune responsabilité envers les victimes. Initialement plafonnés à 50 000 dollars, ces paiements ont été portés à 55 000 dollars en 2000 et à 75 000 dollars en 2008. »

[28] Louise Milligan, *CARDINAL: The Rise and Fall of George Pell*, Melbourne University Press, 2017, citation provenant du chapitre 6. Les critiques ont fait valoir en 2019 que la "Melbourne Response" devrait être abandonnée car, selon eux, elle « a fait en sorte que les victimes, tout en renonçant à leur droit de poursuivre l'Église, acceptent des montants d'indemnisation très modestes ». Voir, à ce propos, Luque Henriques-Gomes, Q&A: church leader says George Pell's Melbourne Response should be scrapped, *The Guardian*, le 4 mars 2019. Consulté le 16 janvier 2020.

courant des agissements de son ancien collègue Gerald Ridsdale, dans la ville de Ballarat, dans l'État de Victoria. Ridsdale est en prison pour des centaines de délits d'abus d'enfants - et est considéré comme le prêtre pédophile le plus notoire d'Australie ».[29]

Les commissaires ont aussi affirmé que le cardinal Pell était impliqué dans le transfert de Ridsdale et d'autres prêtres soupçonnés d'abus sexuels à diverses paroisses.

Encore plus dramatique et dévastateur pour l'Église est le fait que le 11 décembre 2018, ce bras droit du pape François, qui avait été accusé d'abus sexuels sur deux mineurs dans la cathédrale de Melbourne dans les années 90s, était reconnu coupable, dans un verdict unanime d'un jury de 12 membres de la Cour de Victoria, et condamné à une peine de six ans de prison.[30]

Quelques mots pour expliquer aux lecteurs les évènements allégués qui ont mené à cette condamnation.

L'autrice et journaliste d'enquête Louise Milligan a passé du temps à interviewer la mère, le père et la sœur de la victime du cardinal Pell, celui qui, comme mentionné plus haut, est mort d'une overdose de drogue. Dans son livre, elle donne à cette victime le nom de code 'Choir Boy'.

Elle a également rencontré l'autre homme qui fut abusé par Pell dans la cathédrale, et ceci en même temps et dans la même sacristie que le Choir Boy. Elle donne à cette autre victime le nom de code 'The Kid'. Ce sont les accusations

---

[29] Cardinal Pell 'knew of' clergy abuse, says Australian royal commission, *BBC*, le 7 mai 2020. Consulté le 21 août 2021.
[30] Gerard O'Connell, Cardinal Pell, top advisor to Pope Francis, found guilty of 'historical sexual offenses, *America*, le 12 décembre 2018. Consulté le 21 août 2021.

de ce dernier qui allaient conduire à la condamnation et à l'emprisonnement de Pell.

Lorsque leur fils est mort d'une overdose en 2015, les parents du Choir Boy ont eu trop honte pour dire à leurs amis, voisins et parents ce qui s'était réellement passé ; alors ils leur ont dit qu'il s'agissait d'un accident de voiture. Ils n'avaient aucune idée que le changement de comportement soudain et dramatique de leur fils à 13 ans, et sa chute ultérieure dans la drogue, avaient quelque chose à voir avec de l'abus sexuel. C'est la police de Victoria, SANO, qui, des mois après les funérailles, comme le soulignait le père dans la lettre qu'il adressait au pape François, informait les parents que leur fils avait été victime d'abus sexuel comme adolescent dans le passé.

Les parents ne savaient pas, en plus, que l'agresseur de leur fils était nul autre que l'ancien chef suprême de l'Église catholique australienne, devenu le bras droit du pape François au Vatican ! C'est l'autre victime de Pell, The Kid, qui a un jour trouvé le courage de dire à la mère du Choir Boy ce qui s'était passé, et qui, exactement, était l'agresseur.

Milligan raconte, dans son livre, comment la mère a réagi en apprenant cette nouvelle :

> « Mary (c'est le nom de code que Milligan donne à la mère) s'est sentie envahie d'une chaude poussée de colère. Non pas contre The Kid, mais contre son fils, pour ne pas lui avoir dit. Parce que Mary avait demandé à son fils. Et ce, pas seulement une fois. Quelque chose en elle, l'intuition d'une mère, provenant possiblement du choc de voir son garçon dérailler si rapidement et de façon si spectaculaire, l'avait fait soupçonner que son fils avait été victime d'abus sexuel.

« Je lui ai demandé, je ne me souviens plus des mots que j'ai utilisés, si quelqu'un l'avait touché de façon troublante, ou jouer avec son corps, et il m'a répondu 'non', en haussant les épaules. Elle dit que son fils haussait parfois les épaules lorsqu'il ne voulait pas parler de certaines choses.

« J'avais encore le sentiment que quelque chose ne tournait pas rond, mais je n'en ai pas parlé à personne, raconte-t-elle à Milligan.

« Et puis, après un certain temps, je lui ai de nouveau posé la question, et il m'a encore répondu 'non'.

Et puis j'apprends ça... J'étais tellement en colère contre (lui), dit-elle, en fermant les yeux sur ce souvenir, pour ne pas me l'avoir dit. J'étais tellement en colère. Parfois, je ressens encore de la colère.

« The Kid a gentiment raconté à Mary ce qu'il dit s'être passé avec l'Archevêque (Pell). Il m'a dit que lui-même et (mon fils) jouaient au fond de l'église dans des pièces fermées, raconte-t-elle.

« Dans la cathédrale ? lui demande-je.

« Oui, dans la cathédrale. Et euh, l'archevêque Pell les a coincés, a fermé la porte, et leur a fait faire des fellations. The Kid se souvenait encore très bien de l'incident. Avoir été récupéré par ses parents après l'incident. Avoir regardé par la fenêtre de la voiture sur le chemin du retour.

« Marie avale et me regarde avec dégoût. »

Mary a ajouté à Milligan qu'elle était également en colère contre l'Église catholique.

> « J'y ai envoyé mes enfants - j'y ai envoyé mes deux enfants - pour qu'ils reçoivent une éducation, pour qu'ils soient en sécurité. Vous envoyez vos enfants à l'école pour qu'ils soient en sécurité. Pas pour que cela leur arrive. (...)

> « The Kid a dit à Mary que les funérailles de son fils étaient le point de rupture pour lui. Cela l'a plongé dans le désespoir et le regret. Il était tellement incapable de s'en remettre que sa propre mère se préoccupait beaucoup de son état. Il a donc décidé qu'il devait parler, qu'il devait dévoiler ce qui était arrivé. (...) C'est ainsi que The Kid, avec le soutien de sa mère et d'un défenseur des victimes, est allé rapporter la chose à la police de Victoria, SANO. »[31]

Bien sûr, comme l'avaient fait pendant des années le père Grassi en Argentine, le père Karadima au Chili et le cardinal Theodore McCarrick aux États-Unis, le cardinal Pell a toujours proclamé son innocence. Et à la suite du verdict unanime du jury, il a fait une plainte auprès de la

---

[31] Louise Milligan, *CARDINAL: The Rise and Fall of George Pell*, Melbourne University Press, 2017. Citation provenant du chapitre 26. Le site web de la police de Victoria explique que SANO « a été créé pour enquêter sur les allégations historiques et nouvelles qui ont émané de l'enquête parlementaire victorienne sur les abus sexuels sur des enfants impliquant des organisations religieuses et non gouvernementales. Le groupe de travail coordonnera également les enquêtes émanant de la Commission royale du gouvernement australien sur les réponses institutionnelles aux abus sexuels sur les enfants. » Royal Commission into Institutional Response to Child Abuse. Consulté le 16 janvier 2020.

Cour d'appel de l'État de Victoria. Toutefois, en août 2019, cette cour décidait de confirmer le verdict du jury.

Grand batailleur, le cardinal Pell est revenu à l'attaque. Il a adressé un nouveau recours, cette fois à la Haute Cour d'Australie, qui a accepté d'entendre son appel, une décision qui a profondément bouleversé ses victimes, et, en particulier, le père de la victime qui est décédé d'une overdose d'héroïne en 2015. Ce dernier - dont le nom ne peut être révélé pour des raisons juridiques - s'est senti si dépité, lorsqu'il a appris que la requête d'appel du cardinal Pell avait été acceptée, qu'il a adressé une lettre au pape François.

> « J'avais un fils, un bon garçon, désireux d'apprendre à cuisiner, d'aider les autres, de s'impliquer, de faire du sport, de rendre visite à ses grands-parents, jusqu'à ce qu'il devienne pour nous un étranger à cause de la drogue, a écrit le père.

> « Au début, nous ne savions pas qu'il consommait, il l'a caché pendant un certain temps, mais son comportement avait changé, il était devenu antisocial et avait des problèmes à l'école. Il allait et venait à toute heure de la journée, un comportement inhabituel pour un jeune de 14 ans. C'était devenu impossible de lui parler, il ne voulait pas s'engager, et refusait de discuter de quoi que ce soit. (...)

> « Nous n'avons jamais su pourquoi il prenait de la drogue et se comportait comme il le faisait depuis le début de son adolescence.

> « Seize mois après sa mort, le groupe de travail SANO m'a contacté. Apprendre d'eux que mon fils avait été victime d'abus sexuel comme mineur m'a choqué et bouleversé.

« En tant que catholique, je me suis senti trahi par l'Église, mais en tant que parent, je me suis senti comme un raté. J'avais l'impression d'avoir manqué mon coup avec mon fils et ma famille, et j'ai encore cette impression maintenant. (...)

« La douleur ne disparaît jamais et je pleure beaucoup la perte de mon fils.

« L'innocent petit enfant de chorale qu'était mon fils me manquera toujours, un tel gâchis tragique d'un beau garçon dont la vie est devenue un cauchemar pour lui-même et pour ceux qui l'entourent, » poursuit le père.

Et il termine sa lettre en posant quelques questions au pape François.

« Pourquoi l'Église insiste-t-elle sur le célibat obligatoire des prêtres alors qu'il est si évident - et cela a été prouvé - que cela ne fonctionne pas ? Il est incompréhensible, à notre époque, de refuser aux hommes la possibilité de s'engager dans ce qui est un acte naturel. Le déni a forcé beaucoup d'entre eux à poursuivre des enfants innocents.

« Pourquoi Pell a-t-il conservé son titre de cardinal ?

« Pourquoi ne l'avez-vous pas défroqué et dépouillé de son statut au sein de l'Église ?

« Vous en êtes rendus où dans votre enquête sur le comportement de Pell ?

« Pourquoi n'avez-vous pas demandé à Pell d'abandonner sa requête d'appel et de reconnaître sa culpabilité ? Il a été déclaré coupable par un jury dans un tribunal australien.

« Pourquoi les femmes sont-elles exclues de la prêtrise ? »[32]

Le nouveau recours du cardinal Pell a porté fruit. Au début avril 2020, la Haute Cour donnait son verdict : elle blanchissait le cardinal de toutes les agressions sur les deux mineurs.

On ne saura jamais si, et dans quelle mesure, cela a pu influencer la décision de la Haute Cour ; mais c'est un fait bien connu que le cardinal Pelli jouissait de liens très étroits avec plusieurs personnalités très influentes - politiques et hommes d'affaire - de son pays. Et c'est aussi un fait bien connu que Robert Richter, l'avocat choisi par le cardinal pour le défendre, un athée déclaré, « était principalement connu pour défendre avec succès certaines des figures les plus notoires de la pègre de Victoria »,[33].

De même que le pape François avait exprimé à maintes reprises une solidarité toute cléricale avec Mgr Barros, le nommant évêque d'Osorno malgré de longues et massives protestations, refusant à deux reprises d'accepter sa démission, et qualifiant de calomnie les allégations très graves des victimes (parce que pas prouvées à la cour), il a de nouveau exprimé une solidarité toute cléricale avec le cardinal Pell, à peine quelques heures après son acquittement.

---

[32] George Pell's appeal against child sex abuse convictions to be heard by High Court, *ABC News*, le 13 novembre 2019. Consulté le 13 janvier 2020.
[33] Melissa Davey, *The Case of George Pell: Reckoning with Child Sexual Abuse by Clergy*, Scribe, Melbourne - London, chapitre 1: Committal.

« En ces jours de Carême, nous avons vu la persécution que Jésus a enduré et comment les docteurs de la loi se sont acharnés contre lui, et il a été jugé avec sévérité, alors qu'il était innocent, a affirmé le Souverain Pontife lors de l'Eucharistie qu'il célébrait dans sa résidence Santa Marta.

« Je voudrais prier aujourd'hui pour toutes les personnes qui, parce que quelqu'un leur en veut, subissent une peine injuste. »

Et quelques heures plus tard le même jour, le bureau de presse du Vatican publiait la déclaration suivante :

« Le Saint-Siège, qui a toujours exprimé sa confiance dans l'autorité judiciaire australienne, se félicite de la décision unanime de la Haute Cour concernant le cardinal George Pell, l'acquittant des accusations d'abus sur mineurs et annulant sa peine. En confiant son affaire à la justice de la Cour, le cardinal Pell a toujours clamé son innocence et a attendu que la vérité soit établie. Le Saint-Siège réaffirme en même temps son engagement à prévenir et à poursuivre tous les cas d'abus contre les mineurs. »[34]

Cette solidarité cléricale, le pape l'a de nouveau exprimé avec le cardinal Pell en lui accordant, le 12 octobre 2020, une audience papale privée, et, signe évident qu'il souhaitait que celle-ci soit largement diffusée, en autorisant la production d'un bref clip vidéo où on entend le pape

---

[34] Gerard O'Connell, Vatican responds with measure to Cardinal Pell's acquittal and release from prison, *America*, le 7 avril 2020. Voir aussi Gail Grossman Freyne, Cardinal Pell: A decision with little certainty, *National Catholic Reporter*, le 27 avril, 2020. Consulté le 15 juin 2020.

dire, « Je suis content de te voir...ça fait plus d'un an », une allusion au temps que Pell avait passé en prison en Australie.[35]

Le pape François n'a pas rencontré The Kid qui, lors des funérailles du Choir Boy, avait décidé qu'il devait sortir de son silence. Qu'il devait parler. Que trop c'était trop. Qu'il devait absolument parler pour montrer sa solidarité envers le Choir Boy qui avait été abusé en même temps et dans la même sacristie que lui. Celui dont la vie gâchée et la mort découlaient, The Kid en était profondément convaincu, de cet événement traumatisant.

Le pape François ne s'est pas solidarisé avec The Kid, comme il l'avait soudainement fait avec les victimes de Mgr Barros, une fois son image éclaboussée dans les médias à travers le monde à cause de sa grosse gaffe au Chili. Il n'a pas, comme il l'avait fait pour les victimes de Mgr Barros, fait venir à Rome The Kid pour passer quelques jours avec lui dans sa résidence Santa Marta - toutes dépenses payées, accueil on ne peut plus chaleureux de sa part ainsi que de celle des membres de la Congrégation pour la doctrine de la foi, visites guidées aux archives du Vatican, etc. Pour écouter le témoignage du Kid, un témoignage tellement percutant et crédible qu'il avait mené au verdict unanime d'un jury et à la condamnation du cardinal Pell à six ans de prison.

Non. Le pape François s'est plutôt accroché, comme il l'avait fait pendant des années au sujet des allégations des victimes de Karadima au sujet de Mgr Barros, *à l'aspect formellement juridique de l'affaire,* se contentant du fait que la Haute Cour ait acquitté le cardinal Pell, estimant que

---

[35] Holy See: <u>Pope Francis meets cardinal Pell after sexual abuse charges acquittal</u>, posté sur YouTube le 12 octobre 2020. Consulté le lendemain.

le jury n'avait pas dûment considéré toutes les preuves, certaines ne permettant pas d'affirmer *hors de tout doute*, à son avis, sa culpabilité.

Notons que les charges qui ont été rejetées par la Haute Cour d'Australie ne sont pas les seules auxquelles le cardinal Pell doit faire face ; au total, 27 accusations ont été portées contre lui.[36] Comme cet homme qui allègue que Pell, alors séminariste, avait abusé sexuellement de lui, alors enfant de chœur de 12 ans, dans un camp de jeunes de l'île Phillip en 1961 ; et cet homme qui a déclaré que, lorsqu'il était enfant, Pell l'emmenait hors du foyer pour enfants où il était pupille de l'État et le violait ; et cet homme qui allègue que lorsqu'il vivait au Saint-Joseph's Home for Children à Ballarat, Pell, qui venait chez eux en été pour utiliser la piscine et jouer avec les enfants, avait à plusieurs reprises mis ses mains dans son costume de bain et inséré son doigt dans son anus, lui causant une douleur considérable ; et ces deux anciens élèves de St Alipius qui allèguent que Pell avait touché à plusieurs reprises leurs parties génitales alors qu'ils nageaient avec eux dans la piscine Eureka à Ballarat en 1978-79.[37]

C'est pourquoi les détracteurs du cardinal Pell, fort nombreux en Australie, croient passionnément que bien

---

[36] Gail Grossman Freyne, Cardinal Pell: A decision with little certainty, *National Catholic Reporter*, le 27 avril 2020. Consulté le 15 juin 2020. « Au total, 26 accusations ont été portées contre Pell, affirme Grossman Freyne. 'The Bolt Report', de *Sky News TV*, a réalisé la première interview de Pell après sa libération le 14 avril, et notait dans son rapport qu'il y avait, en tout, 26 accusations contre Pell - jusqu'à ce que la police de Victoria annonce qu'elle commençait une enquête sur une 27ème, pour un comportement criminel présumé lié à l'abus sexuel d'un enfant dans les années 1970. »

[37] Melissa Davey, *The Case of George Pell: Reckoning with Child Sexual Abuse by Clergy,* Scribe Publications, 2020. Chapitre 1, "Committal".

que les condamnations contre lui au sujet d'incidents dans la cathédrale de Melbourne aient été annulées, il n'est pas du tout innocent.

L'avocat et professeur de droit de la Trobe University à Melbourne, Gideon Boas, fait une remarque qui peut laisser bien des lecteurs songeurs :

> « Beaucoup de gens m'ont commenté, 'Comment est-ce possible que le jury se soit trompé à ce point dans cette affaire, la Haute Cour ayant décidé à l'unanimité que le verdict était déraisonnable ?

> « Ma réponse est la suivante : Qu'est-ce qui nous dit que ce n'est pas la Haute Cour qui se soit trompé ? »[38]

---

[38] Joshua J. McElwee, Up-close account of Pell's historic trial raises an uncomfortable question, *National Catholic Reporter*, le 28 septembre 2020. Consulté le jour même.

Efforts pour dépasser un cléricalisme dans lequel il demeure néanmoins immergé

Dès que l'Argentin Jorge Mario Bergoglio est devenu pape, comme beaucoup d'autres progressistes dans le monde, je me suis réjoui. J'ai été un grand admirateur du pape François dans les premières années de sa papauté.

Un prêtre québécois très progressiste, Oblat de Marie Immaculée, me confiait récemment, « Je n'ai jamais tant prié pour un pape ! »

Le discours qu'il a prononcé en Bolivie lors de la rencontre mondiale des mouvements populaires le 10 juillet 2015 était vraiment remarquable. Le pape François est allé jusqu'à remettre en cause un système économique qui tue.[39] Dans *Chile: The Divine Coup*, j'ai même montré la ressemblance frappante entre ce discours et le mémorable discours de Salvador Allende devant l'Assemblée générale des Nations unies le 4 décembre 1972.

Dans *Cry of the Earth, Cry of the Poor*, j'ai souligné le fait que lorsque le célèbre écologiste canadien David Suzuki a lu Laudato Si, l'encyclique du pape François sur l'environnement, il a été si profondément touché par sa profondeur et sa beauté qu'il a fondu en larmes.

Le pape François est un homme qui essaie désespérément de réformer une Église catholique qui en a grand besoin. Il le démontre par de nombreux gestes :

- Il a choisi de vivre dans la résidence modeste Santa Marta au lieu des appartements pontificaux traditionnels.
- Au lieu d'une limousine, il a choisi une voiture usagée pour ses déplacements.
- Sa première sortie officielle fut à Lampedusa, où arrivent régulièrement de l'Afrique de milliers de réfugiés que l'Europe cherche à refouler.
- Lorsqu'un évêque allemand a osé dépenser 50 millions de dollars pour rénover sa résidence, il l'a rapidement remplacé.[40]
- Il a invité à sa table les exclus.[41]

---

[39] Voir son exhortation apostolique du 24 novembre, 2013, *Evangelii Gaudium*.

[40] Nicole Senèze, L'évêque allemand de Limbourg éloigné de son diocèse, le 23 octobre 2013, *La Croix*. Consulté le 11 septembre 2021.

[41] Le pape à table parmi les exclus, *Le Soleil*, le 19 novembre 2017. Consulté le 11 septembre 2021

Peu de temps après son élection, il s'est fait de nombreux
ennemis dans la bureaucratie du Vatican en énumérant
publiquement une longue liste de ses péchés et faiblesses
cléricalistes, dont ce qu'il a appelé « l'Alzheimer
spirituel ».[42]

Bien qu'il ait dénoncé en 2010 la loi instituant le mariage
homosexuel en Argentine comme « la volonté de détruire
le projet de Dieu »,[43] il a laissé entendre par la suite, à
travers plusieurs déclarations, qu'il s'oppose aux vues
traditionnelles de l'Église catholique selon lesquelles
l'homosexualité serait un désordre humain,[44] et a même
accepté l'union civile des homosexuels ;[45] suscitant
l'espoir, vite déçu, qu'il accepterait que les prêtres
bénissent aussi de telles unions.[46]

Certes, il a joué un rôle important « à partir de 1973 en tant
que provincial des jésuites d'Argentine, puis lors d'une
réunion décisive du Conseil épiscopal latino-américain à
Puebla (Colombie) en 1979, » pour normaliser l'opposition

---

[42] Pope blasts Vatican bureaucracy for having 'spiritual Alzheimer's',
Associated Press, le 22 décembre 2014. Consulté le 26 août 2021.
[43] Julien Théry-Astruc, Dans la peau du pape François : l'Église
catholique face à la menace de son extinction, *Revue du crieur*, 5,
octobre 2016, p. 4-19. Consulté le 21 août 2021.
[44] Pour la plus spectaculaire de telles déclarations, voir Guillaume
Stoll, Le pape et l'homosexualité : "Un changement de ton", *Le Nouvel
Observateur*, 29 juillet 2013. Voir aussi Rachel Donadio, On Gay
Priests, Pope Francis Asks, 'Who Am I to Judge?', *The New York
Times*, le 29 juillet 2013. Consultés le 27 août 2021.
[45] Chico Harlan, Michelle Boorstein and Sarah Pulliam Bailey, Pope
Francis calls for civil union laws for same-sex couples, *The
Washington Post*, le 21 octobre 2020. Consulté le 27 août 2021.
[46] Chico Harlan and Sarah Pulliam Bailey, Pope Francis says priests
cannot bless same-sex unions, dashing hopes of gay Catholics, *The
Washington Post*, le 15 mars 2021. Consulté le 27 août 2021.

du Vatican contre la théologie de la libération.[47]
Cependant, sa pensée, à bien des égards, est proche de
cette théologie.[48]

Lors de son voyage en Afrique en 2015, il a publiquement
reconnu, contrairement à ses deux prédécesseurs, que le
port du préservatif était l'une des méthodes utiles pour se
protéger du sida.[49]

Il est favorable à une approche moins dogmatique
relativement aux couples catholiques divorcés, et plus
compatissante et pastorale, en acceptant de leur donner la
communion ; une position qui a déclenché la fureur,
exprimée en public, de plusieurs cardinaux conservateurs.[50]

Contrairement à Donald Trump, il veut construire des
ponts, pas des murs.[51] Comme l'illustre le drame

----

[47] Julien Théry-Astruc, Dans la peau du pape François : l'Église
catholique face à la menace de son extinction, *Revue du crieur*, 5,
octobre 2016, p. 4-19. Consulté le 21 août 2021.
[48] Leonardo Boff, prêtre brésilien très influent qui prône depuis
longtemps la théologie de la libération, s'est grandement réjoui de
l'élection de Jorge Bergoglio comme pape. Ce dernier a débloqué le
processus de sanctification de Mgr Oscar Romero, ce grand témoin de
la théologie de la libération, que ses prédécesseurs avaient tout fait
pour contrer. *El País* rapportait, le 23 août 2021, que plusieurs prêtres
brésiliens qui s'inspirent de cette tendance théologique, et s'inspirent
même du pape François, sont persécutés par les Brésiliens
ultraconservateurs qui ont élu le gouvernement de Jair Bolsarano. Voir
Beatriz Jucá, Felipe Betim, Douglas Magno, Fernanda Siebra, En el
nombre del padre, *El País*, le 23 août 2021. Consulté le même jour.
[49] Frédéric Martel, *Sodoma : enquête au cœur du Vatican*, Robert
Laffont, 2019, p. 381.
[50] Joshua J. McElwee, Cardinal critics of Francis reaffirm no
Communion for divorced, remarried, *National Catholic Reporter*, le 7
avril 2018. Consulté le 27 août 2021.
[51] Gerard O'Connell, Pope Francis: 'Build bridges, not walls',
America, le 31 mars 2019. Consulté le 27 août 2021.

biographique de 2019, le film Netflix *The Two Popes*,[52] la plupart de ses opinions sont à l'opposé de celles de son prédécesseur conservateur, le pape Benoît XVI.

Sa longue entrevue avec Eugenio Scalfari, fondateur athée du journal italien *La Repubblica*, dont le compte-rendu fut rapidement traduit en plusieurs langues, démontre clairement que le pape François veut tendre la main à ceux qui ne partagent pas ses convictions, et non pas insister sur le fait qu'il est assis sur la vérité éternelle et eux sur l'erreur.[53]

La lutte du pape François contre le cléricalisme est sincère. Cependant, même s'il découvre, au jour le jour et comme dans un long processus thérapeutique, toute la profondeur du cléricalisme non évangélique qui marque l'Église catholique et tente de le combattre, il en demeure néanmoins toujours lui-même fortement imbu.

C'est le cléricalisme qui l'a amené à approuver, en juin 2019, un document officiel du Vatican affirmant que le prêtre, lors de l'Eucharistie et la confession, agit « non en tant qu'homme, mais en tant que Dieu ».[54] C'est ce même cléricalisme qui l'a amené à appeler les gens d'Osorno « des idiots qui ne savent pas ouvrir leur cœur à ce que

---

[52] Dirigé par Fernando Meirelles et écrit par Anthony McCarten. « Se déroulant principalement dans la Cité du Vatican au lendemain du scandale Vatileaks, le film suit le pape Benoît XVI, joué par Anthony Hopkins, alors qu'il tente de convaincre le cardinal Jorge Mario Bergoglio, joué par Jonathan Pryce, de reconsidérer sa décision de démissionner en tant qu'archevêque alors qu'il confie ses propres intentions d'abdiquer la papauté. » *Wikipedia*. Consulté le 10 janvier 2020.

[53] Eugenio Scalfari, The Pope: how the Church will change, *La Repubblica*, le 1 octobre 2013. Consulté le 11 septembre 2021.

[54] Note de la pénitencerie apostolique sur l'importance du for interne et l'inviolabilité du sceau sacramentel. Consulté le 10 janvier 2020.

Dieu veut », tout simplement parce que ceux-ci s'opposaient fortement à sa décision de nommer Juan Barros évêque d'Osorno.

C'est le cléricalisme qui fait en sorte qu'il valorise encore la règle du célibat obligatoire des prêtres, sous prétexte que celle-ci leur permettrait d'accéder à une vie spirituelle plus profonde et engagée. Une règle sans fondement évangélique, qui ne fut imposée qu'au XIe siècle, que Vatican II remettait carrément en question, mais que le pape Paul VI réaffirmait comme « joyau splendide qui conserve sa valeur même à notre époque », mettant ainsi fin de façon monarchique à toute discussion. [55]

C'est le cléricalisme qui amène généralement le pape François à se solidariser spontanément avec les prêtres, évêques et cardinaux abuseurs, et non leurs victimes.

Et c'est le cléricalisme qui fait en sorte que sa lutte contre les abus sexuels dans l'Église catholique, courageuse et positive à bien des égards, laisse toujours intactes leurs racines profondes, et ne se limite, comme je l'ai démontré dans un article précédent et dans Pourquoi ? Les abus sexuels dans l'Église catholique, qu'à de simples pansements disciplinaires.[56]

Ovide Bastien

Entrelacs, le 13 septembre 2021

---

[55] Lettre encyclique de Sa Sainteté le pape Paul VI sur le célibat sacerdotal, le 24 juin 1967. Consulté le 23 novembre 2019.
[56] Ovide Bastien, L'Église catholique persiste à ignorer les racines de la crise des abus, *Le Devoir*, le 10 mai 2021. Consulté le 23 août 2021. Voir aussi Catholic Church Persists in Ignoring Roots of Clergy Sexual Abuse, *Academia Letters,* juillet 2021.

Autres livres de l'auteur

<u>Chili: le coup divin</u>, publié à Montréal par les Éditions du Jour en septembre 1974. Republié sur Amazon sous forme numérique en 2014 et sous forme imprimée en 2015.

<u>Chile: el golpe divino</u>, publié sous formes numérique et imprimée en 2017. Inclut une mise à jour "Epílogo 2017".

<u>Chile: The Divine Coup</u>, publié sous formes numérique et imprimée en 2017. Inclut une mise à jour, "Epilogue 2017".

<u>CHILE: Underside of Economic Miracle</u>, publié comme manuel de classe au Collège Dawson de 1995 à 2011. Mis à jour et republié sur Amazon sous forme numérique en 2014 et sous forme imprimée en 2015.

<u>My 9/11 Awakening to America's Moral Crisis</u>, (Journal et lettres lors du coup d'État chilien de septembre 1973) publié sur Amazon sous formes numérique et imprimée en 2015.

<u>Love or Money: What Makes the World Go Round?</u>, publié sur Amazon sous formes numérique et imprimée en 2015.

<u>Cry of the Earth - Cry of the Poor</u>, publié sur Amazon sous formes numérique et imprimée en 2016.

<u>Globalization Under Attack</u>, publié sur Amazon sous formes numérique et imprimée en 2017.

<u>Life of the Mind According to Aimé Forest</u>, publié sur Amazon sous formes numérique et imprimée en 2018.

<u>La vie de l'esprit selon Aimé Forest</u>, publié sur Amazon sous formes numérique et imprimée en 2018.

<u>Carl R. Rogers' Crisis: Subjectivity vs. Objectivity</u>, publié sur Amazon sous formes numérique et imprimée en 2018.

<u>La crise de Carl Rogers: Subjectivité vs objectivité</u>, publié sur Amazon sous formes numérique et imprimée en 2018.

<u>History of Zelaya Blandón Family,</u> publié sur Amazon sous formes numérique et imprimée en 2018.

<u>Historia de la Familia Zelaya Blandón</u>, publié sur Amazon sous formes numérique et imprimée en 2018.

<u>Roots of Crisis: Nicaragua 2018</u>, publié sur Amazon sous formes numérique et imprimée en 2018.

<u>Raíces de la crisis: Nicaragua 2018</u>, publié sur Amazon sous formes numérique et imprimée en 2018.

<u>Racines de la crise: Nicaragua 2018</u>, publié sur Amazon sous formes numérique et imprimée en 2018.

<u>Nicaragua selon Maurice Lemoine: gauche ou fondamentalisme?</u>, publié sur Amazon sous formes numérique et imprimée en 2019.

<u>¿Izquierda o fundamentalismo? Nicaragua según Maurice Lemoine</u>, publié sur Amazon sous formes numérique et imprimée en 2019.

<u>Maurice Lemoine on Nicaragua: Leftwing or Fundamentalist?</u>, publié sur Amazon sous formes numérique et imprimée en 2019.

<u>Don Paco: Su vida - momentos compartidos</u>, publié sur Amazon sous formes numérique et imprimée en 2019.

<u>Don Paco: His Life - Moments Shared</u>, publié sur Amazon sous formes numérique et imprimée en 2019.

<u>Why ? Catholic Clergy Sexual Abuse</u>, publié sur Amazon sous formes numérique et imprimée en 2020.

<u>Pourquoi ? La crise des abus sexuels dans l'Église catholique</u>, publié sur Amazon sous formes numérique et imprimée en 2020.

<u>¿Por qué? Abuso sexual del clero católico</u>, publié sur Amazon sous formes numérique et imprimée en 2021.

Livres audio disponibles sur ACX, Audible et ITunes

Carl Rogers' Crisis : Subjectivity vs. Objectivity, publié en 2020. Pour obtenir le 'bounty' pour ce livre :

https://www.audible.com/pd/B08KFCMH3H/?source_code=AUDFPWS0223189MWT-BK-ACX0-217759&ref=acx_bty_BK_ACX0_217759_rh_us

My 9/11 Awakening to America's Moral Crisis (Journal et lettres lors du coup d'État chilien de septembre 1973), publié en 2020. Inclut un épilogue 2020 où je décris le grand soulèvement national chilien d'octobre 2019, et la répression brutale imposée par le gouvernement sur les manifestants. Pour obtenir le 'bounty' pour ce livre :

https://www.audible.com/pd/B08PJ67YP2/?source_code=AUDFPWS0223189MWT-BK-ACX0-225521&ref=acx_bty_BK_ACX0_225521_rh_us

Why? Catholic Clergy Sexual Abuse, publié en 2021. Pour obtenir le 'bounty' pour ce livre :

https://www.audible.com/pd/B097S1QH3Y/?source_code=AUDFPWS0223189MWT-BK-ACX0-264911&ref=acx_bty_BK_ACX0_264911_rh_us